Fernand MO...

Ancien Avoué

Assureur-Conseil

CONSEILS
aux ASSURÉS

Les Clauses de Nullité
=== et de Déchéance ===
des Polices d'Assurance

Louis NOAT

Imprimeur

1, Rue Garnier, 1, NICE

Fernand MONTEILLET

Ancien Avoué

Assureur-Conseil

CONSEILS
aux ASSURÉS

Les Clauses de Nullité
== et de Déchéance ==
des Polices d'Assurance

Louis NOAT

Imprimeur

1, Rue Garnier, I, NICE

Conseils aux Assurés

C'est servir les intérêts des Assurés que leur donner les moyens de se rendre compte de ce qu'ils doivent faire dans les cas suivants :

1° Au moment de contracter une assurance ;

2° Pendant la durée de cette même assurance ;

3° Après que s'est produit un sinistre.

C'est ce que nous voulons examiner très brièvement ici.

LES CONTRATS MAL ÉTABLIS

Il suffit d'un contrat d'assurance mal fait, ou simplement de l'oubli d'une démarche, pour qu'on se trouve ruiné après un sinistre, sans recours efficace contre la Compagnie qui assure.

LES ASSURÉS CONTRACTENT
A LA LÉGÈRE

Les assurés contractent, le plus ordinairement, sans s'être renseignés sur les engagements graves qu'ils prennent ; c'est là une négligence inexcusable de leur part — Or, si l'assuré s'interrogeait, il reconnaîtrait, le plus souvent, quand il est en difficulté avec sa Compagnie, que c'est, ou sa négligence à se renseigner, ou son ignorance des conditions de l'assurance, qui ont fait naître un procès ; tandis que l'assuré devrait, au contraire, étudier, examiner son contrat, comme s'il était sûr qu'un sinistre dut lui arriver *sûrement un jour ou l'autre.*

Nous devons donc indiquer les points que l'assuré doit connaître sous la forme la plus accessible ; mais en limitant nos indications à quelques notions élémentaires qui permettront à l'assuré soucieux de ses intérêts, de voir si la situation du risque a ou non changé ; de voir, s'il se trouve ou ne se trouve pas en règle vis-à-vis des conditions imposées.

LES CLAUSES DE DECHÉANCE

En somme, ce que nous vous proposons, c'est guider les assurés à travers les difficultés que présentent les assurances, surtout les prévenir contre les cas de déchéance et non point leur faire un cours de droit en la matière ; en d'autres termes, leur enseigner ce qui doit être fait pratiquement pour échapper aux déchéances complètes ou partielles stipulées dans les contrats.

CE QUI SE PASSE DANS LA PRATIQUE

Voici ce qui se passe bien à tort journellement : des courtiers, des intermédiaires se présentent chez un client pour obtenir une assurance ; que se produit-il le plus ordinairement à ce moment ? L'intermédiaire est obligé de revenir plusieurs fois ; on n'est pas disposé à l'écouter ; c'est une question, celle de s'assurer, qui ne présente rien d'urgent ni un grand intérêt ; on verra plus tard ! Enfin... on se décide, et l'on donne la préférence à tel intermédiaire plutôt qu'à tel autre sans bien savoir pourquoi ; le plus souvent c'est une question de relation, de camaraderie, mais du fait de l'assurance on ne sait rien ; on ignore la valeur de la Compagnie ; on ne connaît pas davantage les taux des primes, encore moins les conditions imprimées du contrat ; et cependant on signe les yeux fermés.

Il est impossible de commettre une plus grande faute ; or, ceux qui agissent ainsi oseraient-ils soutenir qu'ils ont vraiment le souci de leurs intérêts, de leur position, de leur fortune, de leur honneur !

DU CHOIX D'UNE BONNE COMPAGNIE

L'assuré doit savoir à quelle Compagnie il a affaire ; il doit savoir si celle qu'on lui propose est une Compagnie éprouvée et bien réputée au point de vue du règlement des sinistres, sans quoi il s'expose beaucoup à n'être pas payé au jour de l'accident, ou à ne l'être qu'après un procès long et coûteux. Le choix d'une bonne Compagnie n'est pas difficile à faire en France, car les bonnes sociétés n'y manquent pas ; autant vaudrait-il d'ailleurs rester soi-même son propre assureur que de payer de grosses primes, et pendant des années, si on n'avait pas la certitude d'être payé. En résumé, l'assuré doit être fixé, autant sur la solvabilité de la Compagnie avec laquelle il traite, que sur l'esprit qu'elle apporte dans le règlement des sinistres.

CONDITIONS GÉNÉRALES IMPRIMÉES & MANUSCRITES DE LA POLICE

Les conditions générales imprimées des polices ne sont pas d'une lecture attachante ; c'est sec et abstrait ; peu de personnes en prennent connaissance jusqu'au bout ; on se contente de lire les clauses manuscrites, comme si c'était là tout le contrat, alors qu'au contraire, les conditions imprimées engagent autant l'assuré, sinon plus. Nul, en effet, n'est admis devant le tribunal à dire qu'il a ignoré la partie imprimée de l'acte ; or, ces clauses imprimées stipulent qu'en certains cas l'assuré devra ou ne devra pas faire telle ou telle chose ; ou bien qu'il aura à déclarer à sa Compagnie tel ou tel fait, et cela, **notons le bien**, à peine d'être déchu de ses droits, en tout ou en partie, en cas de sinistre. Mais ces clauses l'assuré les ignore complètement. ✗

LES AUTRES CONDITIONS DU CONTRAT

Nous ne dirons rien ici des autres conditions du contrat : du risque locatif, du recours des voisins, de l'application de la règle proportionnelle, des autres recours, de la perte des loyers, du taux des primes, de la résiliation, de la tacite reconduction, des avenants, des formalités après sinistre, des expertises ; car ce que nous voulons seulement prévoir pour les assurés dans cette simple notice ce ne sont que les difficultés, nous le répétons, pouvant entraîner des déchéances. Tout le mystère, tout le secret de la validité du contrat étant là !

LES CLAUSES DE NULLITE ✗ OU DE DÉCHÉANCE

Les polices stipulent des déchéances nous venons de le dire. L'assuré devra déclarer, est-il dit souvent dans les polices, que... etc., que... *à peine pour lui de ne recevoir aucune indem-*

nité en cas de sinistre ou de n'avoir droit qu'à...
Ces déchéances, totales ou partielles, portent, par
exemple, en matière d'incendie, sur la déclaration
à faire à propos de la propriété de la chose assurée;
ou des qualités des parties, ou de la nature de la
construction, ou sur les changements à apporter
dans le risque, ou sur les contiguïtés dangereuses,
ou sur les coassurances, les résiliations, les fausses
déclarations et, par 'exemple encore, en matière
d'accident du travail, sur la comptabilité; sur les
changements apportés à l'industrie, sur les accidents eux-mêmes.

On voit donc par là combien il est nécessaire
de connaître beaucoup mieux le mécanisme de
l'assurance, surtout en ce qui concerne les déclarations à faire à peine de déchéance totale ou
partielle ; car, nous le rappelons, le *défaut de
déclaration*, dans certains cas prévus, va jusqu'à
priver l'assuré du droit à l'indemnité ; de sorte
qu'un assuré pour avoir ignoré qu'il se trouvait
dans un cas où une déclaration est exigée de lui,
pourrait perdre tout ou partie du bénéfice d'une
assurance pour laquelle il paye des primes, peut-
être depuis 15 ou 20 ans. Les Compagnies, il faut
le reconnaître, apportent quelquefois des adou-
cissements dans l'application des conditions générales quant aux déchéances; mais, il n'en reste pas
moins vrai qu'elles sont bien armées contre les

fautes de leurs clients, contre leurs omissions, leurs oublis, leurs négligences; et, que par conséquent, les assurés ont, avant tout, à se préoccuper d'être en règle avec elles.

TABLEAU DES CLAUSES DANGEREUSES

Aussi, établissons-nous un tableau synoptique en beaucoup de cas, quand on nous le demande, et quand il s'agit, dans le commerce surtout, de polices couvrant d'importantes valeurs, **tableau des clauses délicates et dangereuses** permettant, à qui que ce soit, à un employé de bureau, à un comptable, à plus forte raison au directeur d'une maison de commerce, de voir, en un clin d'œil, et aussi souvent qu'il le faut, si le contrat est en règle ou s'il ne l'est pas.

CONCLUSION

En assurance, il est donc indispensable d'y voir clair, et **très clair**. Le seul moyen pour un assuré, il faut le répéter sans cesse, d'éviter les difficultés et les procès après un sinistre, c'est de se conformer scrupuleusement aux conditions stipulées; et, si les assurés ne veulent pas ou ne peuvent pas se plier à cela, ils doivent le faire faire par une personne compétente, à peine pour eux de s'être assurés et d'avoir payé des primes en vain.

On dit très souvent : Mais à quoi bon s'assurer ?

Est-ce bien nécessaire ? En d'autres pays, on est loin de raisonner ainsi ; en Angleterre, par exemple, dans une maison de commerce, quand on s'est assuré de toute manière on se dit : A présent, que pourrions-nous assurer encore ?

Vraiment, ne sommes-nous pas infiniment moins pratiques que nos voisins d'outre-Manche. Dans les affaires, en réalité, qui donc paye les primes, si ce ne sont les frais généraux ou la clientèle ; chez les propriétaires d'immeubles qui donc supporte en vérité les frais d'assurance, si ce ne sont les locataires ? Par conséquent, ne pas s'assurer, c'est vouloir de gaîté de cœur s'exposer à une ruine totale ou partielle. On doit donc s'assurer : pour l'indemnité à recevoir ; pour le repos et la tranquillité d'esprit indispensables dans le travail ; pour les tiers auxquels on peut causer involontairement des accidents ; on doit aussi cela à ses voisins, à son propriétaire, au personnel qu'on dirige ; pour les dépôts d'argent, de titres, de marchandises confiées, on le doit à tous les points de vue. C'est ainsi que devrait être traitée par chacun la question de l'assurance, mais plus particulièrement par ceux qui se trouvent à la tête d'une maison de commerce.

F. MONTEILLET,
Ancien Avoué.

Deux genres d'assurances sur lesquels nous appelons plus particulièrement l'attention.

L'ASSURANCE SUR LA VIE

Peu de personnes connaissent assez les com binaisons d'assurances sur la vie pour faire, le cas échéant, le choix d'une des meilleures Compagnies.

Tous les raisonnements qu'on entend sur ces questions n'apparaissent à l'esprit que confus, compliqués, presque incompréhensibles ; et, il n'est guère possible qu'il en soit autrement quand on ne se trouve qu'en présence d'un intermédiaire qui ne peut et qui ne doit faire valoir que les avantages d'une seule Compagnie, de celle qu'il représente.

Si l'on connaissait mieux les rouages des Compagnies d'assurance sur la vie, leurs combinaisons comparées, celles de la participation dans les bénéfices, les clauses plus ou moins libérales de leurs contrats, on verrait mieux l'intérêt qu'il y a à contracter avec telle Compagnie plutôt qu'avec telle ou telle autre.

Aussi bien nous qui n'avons au fond aucune

raison de préconiser plutôt une Compagnie qu'une autre, puisque nous n'en représentons aucune, nous avons fait ce que les assurés eux-mêmes devraient faire : nous nous sommes appliqués à dresser des tableaux comparatifs des opérations des Compagnies d'assurance sur la vie, opérant en France, et grâce aux documents publiés par chacune d'elles, nous avons pu les classer, les numéroter, si l'on peut dire, suivant le rang qu'elles doivent occuper, eu égard aux avantages qu'elles offrent ; en d'autres termes, suivant l'importance de la participation aux bénéfices, suivant la libéralité des contrats, en ce qui touche l'incontestabilité, la remise en vigueur, les questions du duel, du suicide, de la guerre, de la profession, des prêts, des rachats, des voyages en pays étrangers, etc., ce qui permet à l'esprit le moins ouvert à ces questions de voir, de suite, à quelle Compagnie il devra donner sa préférence le cas échéant.

LES RENTES VIAGÈRES

C'est le même fait qui se produit; quant aux rentes viagères, d'une manière moins sensible pourtant ; ce n'est encore ici que par le moyen de tableaux comparatifs des taux des Compagnies qu'on se rendra bien vite compte des meilleurs placements à faire.

L'ASSURANCE CONTRE LE VOL

Nous sommes en mesure d'assurer nos clients contre tout vol à une Compagnie **hors pair**, Cie unique assurant outre le vol avec effraction, le vol sur la personne, le vol sur les comptoirs, sur les transports, l'infidélité, tous les genres de vols possibles, par des combinaisons aussi multiples que variées; à noter que les contrats de cette Compagnie sont d'une simplicité et d'une libéralité remarquables ; aucune clause de déchéance n'y figure et les polices ne sont qu'annuelles ; ces assurances conviennent surtout aux établissements financiers, aux banquiers, aux négociants en bijoux et pierres précieuses.

Nous tenons à la disposition de nos clients des spécimens de ces sortes de polices en même temps que les meilleures références sur la Cie.

Fernand MONTEILLET

ANCIEN AVOUÉ

NICE - 23, Avenue Mon-Plaisir

(CASTEL MON-PLAISIR)

CONSULTATIONS GRATUITES

Etude de toute Question d'Assurance

Règlements de Sinistres

Expertises après Incendie

VÉRIFICATIONS — REDRESSEMENTS

Souscription de toute Assurance

A TOUTE COMPAGNIE

Placement d'Excédents de Risques

Assurances-Coassurances

Polices spéciales pour le Vol des Bijoutiers

ANTIQUAIRES, ETC.

INCENDIE - DÉGAT DES EAUX - VOL

BRIS DE GLACES — ACCIDENTS DU TRAVAIL

RESPONSABILITÉ CIVILE - CHEVAUX

VOITURES — AUTOMOBILES

INDIVIDUELLES - ASCENSEURS

CHOMAGE — PERTE DES BÉNÉFICES
MANSUELLES, ETC.

RENTES VIAGÈRES

M. MONTEILLET se tient à la disposition des Clients
qui auraient besoin d'être renseignés et, SUR LEUR
DEMANDE, il se rendra chez eux.

NOAT, IMPRIMEUR -- NICE

www.ingramcontent.com/pod-product-compliance
Lightning Source LLC
Chambersburg PA
CBHW050358210326
41520CB00020B/6369